大展好書　好書大展
品嘗好書　冠群可期

大展好書　好書大展

品嘗好書　冠群可期

彩色圖解
太極武術
3

楊式太極劍

〈５６式〉

李德印、張　潔

編著

大展出版社有限公司

國家圖書館出版品預行編目資料

楊式太極劍〈56式〉/ 李德印、張　潔 編著
－初版－臺北市：大展 ， 2003【民92】
　　面 ； 21 公分 － （彩色圖解太極武術；3）
　　ISBN 957- 468-249-8（平裝）
1. 劍術

528.975　　　　　　　　　　　92013330

北京體育大學出版社授權中文繁體字版

楊式太極劍〈56式〉　　ISBN 957-468-249-8

編 著 者 / 李德印、張　潔
責任編輯 / 佟　暉
發 行 人 / 蔡森明
出 版 者 / 大展出版社有限公司
社　　址 / 台北市北投區（石牌）致遠一路 2 段 12 巷 1 號
電　　話 / （02）28236031・28236033・28233123
傳　　真 / （02）28272069
郵政劃撥 / 01669551
網　　址 / www.dah-jaan.com.tw
E - mail / dah_jaan@pchome.com.tw
登 記 證 / 局版臺業字第 2171 號
承 印 者 / 弼聖彩色印刷有限公司
裝　　訂 / 協億印製廠股份有限公司
排 版 者 / 順基國際有限公司
初版 1 刷 / 2003 年（民 92 年）10 月

定價 / 220 元

前　言

太極劍是屬於太極拳派系中的劍術，兼有太極拳和劍術兩種運動特點。

儘管中國劍術和太極拳源遠流長，但是太極劍的歷史卻很年輕。在現有的太極拳史料中，很難查到太極劍的資料。《陳氏家譜》及《拳械譜》中不見記載；王宗岳、李亦畬手抄《太極拳譜》中亦不見記錄；蔣發、楊露禪、武禹襄等人的學拳授藝記述中也未見敘及。就是「好道善劍」的張三豐，在有關資料中也僅談及他傳授了「武當下乘丹字第九派四明內家之劍術」即「武當劍」。雖然武當劍也講究順人之勢、後發先至、乘虛蹈隙、避青入紅、以斜取正，然而它那輕穩疾快、走化旋翻的特點及其騰空、滾翻、地躺的劍法，畢竟與太極劍的風格大有差異。從目前流行的各式太極劍來看，無論內容、結構和動作名稱，各家都彼此不同，很難找出一脈相承的痕跡，足見目前的太極劍皆為太極拳形成流派以後，各自分別發展創造而成，其歷史當在近百年左右。

雖然太極劍歷史不長，但它開展之廣、影響之大，遠遠超過了太極刀、槍、棍、桿等器械，成為最受太極拳愛好者歡迎的器械項目。太極劍的健身性、藝術性、群眾性已為事實肯定和群眾接受。

本書介紹的楊式五十六式太極劍，是我協助李天驥先生整理改編的傳統套路。它進一步發揚了楊式太極劍的風格特點，同時使劍法更加規範明確，符合「武術競賽規則」要求，動作造型也更具有藝術表現力。

李天驥先生是中國十大武術名師之一，著名太極拳家，首任國家武術集訓隊教練。他的一生對中國武術事業的發展有著巨大貢獻，1985 年被授予「新中國體育開拓者榮譽獎」。本書的出版也是我們對李天驥先生逝世五周年的由衷懷念。

　　由於作者水平有限，錯誤不當之處，敬希讀者指正。

李德印

太極劍學練基礎

現代劍術的形式大體可分為單練、對練和集體演練的三種形式，其中以個人單練為基礎。劍術內容可分為單劍、雙劍兩大類：單劍多為右手正握劍，也有反手劍（劍身背向虎口握劍）、雙手劍（劍身及劍柄勻較長，雙手握柄）的練法；雙劍則為左右手正握，兩劍呼應成對，協調配合練習。無論單劍、雙劍皆有配掛長穗、短穗之別，稱為長穗劍、短穗劍。每類劍術皆有不同技法和特點。就劍術風格畫分，劍術又分為行劍、勢劍、意劍三大類：行劍突出一個「行」字，善於走動而較少定勢。要求身法、步法、劍法順遂協調，氣勢連貫，步法輕捷，運動中不斷變換招術，剛柔相兼，身劍合一；勢劍又稱站劍，突出一個「定」字，以一招一勢見長。

特點在於動靜分明，節奏性強，椿步穩固，勁力飽滿，造型優美，多平衡動作；意劍突出一個「意」字。在劍法運用中突出心意的表現，要求象形取意，意領身隨，快慢相兼，綿綿不斷，凝神斂氣，柔中寓剛，如醉劍、太極劍、八卦劍等等。當然行劍、勢劍、意劍的分法，只是就其運動風格特色相對而言，其間並無截然界限。實際上任何劍術都需要動靜相間，形意兼備，劍與神合，身與劍合。

一、劍的結構、握法和基本劍法

（一）劍的結構及各部名稱

現代劍的長度，一般以反手垂臂持劍，劍尖高不過頭，低不過耳為準。重量約為 0.5～1 千克（武術競賽規則規定：成年男子劍不得輕於 0.6 千克，成年女子劍不得輕於 0.5 千克）。劍的結構分為劍身和劍把兩段。

1.劍刃——劍身兩側鋒利的薄刃。

2.劍尖——劍身鋒銳的尖端。

3.劍脊——劍身長軸隆起的部分。

4.劍柄（劍莖）——劍把上手握的部位。

5.護手（劍格）——劍柄與劍身相隔的突出處，多成V或Λ形。

6.劍首（劍墩、劍鐔）——劍柄後端的突出部，多成凸形。

7.劍穗（劍袍）——附在劍首的絲織的穗子。

8.劍面——扁平劍身形成的上下平面。

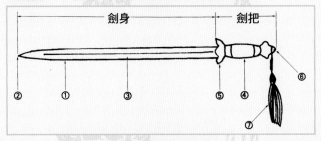

（二）劍的基本握法和劍指

握劍的方法稱為握法或把法。正確的握法不僅是準確表現劍法的先決條件，而且是技術嫻熟的重要標誌。初學者握劍往往生硬緊張，劍在手中不能靈活運轉，致使劍法表現不清，力點不準，剛柔失度，技法大為遜色。劍術高超者，握劍既牢又活，隨著劍法的變化，腕、指關節靈活多變，掌心鬆空，掌緣、掌根、手指、虎口各部位著力輕重各不相同，稱為活把握劍。故劍譜歌訣上有「手心空，使劍活。足心空，行步捷」的說法。

隨著不同劍法的需要，握劍方法主要有以下七種：

1.平握——五指平捲握劍。多用於崩劍、架劍、推劍等。

2.直握——五指螺形捲握方法多用於刺劍、劈劍、斬劍、掃劍等。

3.鉗握——拇指、食指和虎口鉗夾，其餘三指鬆握。多用於抽劍、掛劍、雲劍等。

4.提握——腕關節屈提，拇指、食指下壓，其餘三指上勾。多用於點劍、提劍等。

5.反握——手臂內旋，手心向外，拇指支於劍柄下方，向上用力；中指、無名指、小指向下勾壓。多用於撩劍、探刺劍等。

平握

6.墊握——食指伸直，墊在護手下面助力或控制方向，拇指也伸直，其餘三指屈握。多用於絞劍、削劍、擊劍等。

直

7.反手握——劍身貼於左前臂後，左手食指貼於劍柄，指尖指向劍首，其餘四指扣握於於護手，多用於劍術的起勢。在反手劍術練習中也多用此種握法。

鉗握

反握

提握

墊握

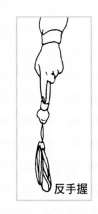

反手握

在劍術練習中，不持劍的手要捏成「劍指」，古稱「劍訣」、「戟指」。劍指的握法是食指、中指併攏伸直，其餘三指屈握掌心，拇指壓在無名指前端指骨上。劍指運用合理得當，與劍法呼應配合，可以助勢助力，平衡優美，大大增強劍術的表現技巧和神采。

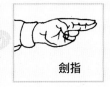

劍指

（三） 基本劍法介紹

古代劍術把擊、刺、格、洗四類劍法稱為母劍。所謂擊法，指用劍刃前端（又稱劍鋒）去點啄、敲擊，如點劍、崩劍、擊劍等劍法；刺法指通過臂的屈伸，用劍尖進攻對方，如各種方式、方向的刺劍；格法指用劍刃去劈、斬、掃、截等劍法攻取對方；洗法是通過劍刃的滑動、劍的揮擺，著力點沿劍

刃向前滑動，如帶劍、抹劍、抽劍、撩劍、削劍等劍法。

　　現代劍術中劍法十分豐富，名稱並不完全統一，現將基本、多用劍法介紹如下：

　　1.刺劍——以劍尖直取對方，臂由屈而伸，力達劍尖。劍刃向左右為平刺劍，劍刃向上下為立刺劍。

　　2.劈劍——立劍由上而下用力，力點在劍刃，臂與劍成一直線。

　　3.掛劍——劍尖後勾，立劍由前向後上方或後下方格開對方進攻，力點在劍身平面。

　　4.撩劍——立劍由下向前上方反手撩起，力點在劍刃前部。

　　5.雲劍——平劍在頭前上方或頭頂平圓繞環，用以撥開對方進攻，力在劍刃。

　　6.抹劍——平劍由左向右，或由右向左領擺，力點順劍刃滑動。

　　7.點劍——立劍用劍尖向下點啄，力達劍刃前端。

　　8.崩劍——立劍用劍尖向上點啄，力達劍刃前端。

　　9.擊劍——平劍向左或向右敲擊，力達劍刃前端。向右擊劍又叫平崩劍。

　　10.絞劍——平劍使劍尖順時針或逆時針方向劃小圈立圓繞環，力在劍刃前部。

　　11.架劍、托劍——立劍向上托舉，高過頭部，力在劍刃。

　　12.截劍——立劍或平劍切斷、阻截對方，力在劍刃。

　　13.帶劍——平劍由前向側後方抽回，力點沿劍刃滑動。

　　14.抽劍——立劍由前向後上方或後下方抽回，力點沿劍刃滑動。

　　15.挑劍——立劍由下向上挑起，力點在劍刃前端。

　　16.穿劍——平劍或立劍，沿腿、臂或身體由內向外伸出，臂由屈而伸，力點在劍尖。

　　17.提劍——立劍或平劍，向上提拉劍把，劍尖朝下。

　　18.推劍——劍身豎直或橫平，由內向外推出，力在劍刃後部。

19.捧劍、抱劍——平劍或立劍，兩手在體前相合捧抱。

20.掃劍——平劍向左或向右揮砍，轉腰擺臂，力在劍刃。

21.斬劍——與掃劍相同，但揮擺幅度和力度較小。

22.壓劍——平劍由上向下按壓，力在劍面中、後部。

23.腕花——以腕為軸，使劍在臂的內側或外側繞立圓。

24.攔劍——立劍斜向前上方攔架，力點在劍刃中，後部。

二、太極劍的特點和學練要領

太極劍是屬於太極拳門派中的劍術，因此兼有太極拳和劍術二者的風格特點。

（一）風格特點

太極拳是中國古老的武術拳種，具有心靜體鬆、柔和連貫、動中求靜、重意不重力的運動特點，並有很高的健身、攻防、體育醫療價值。作為太極拳系列重要組成部分的太極劍，雖然各式太極劍內容、風格不同，但卻具有以下共同的運動特點：

1.神舒體靜，內外相和　太極劍與太極拳一樣，具有心靜體鬆、神態自然、以意運身、重意不重力的特點。在姿勢形態上要求立身中正安舒、懸頭豎頸、沉肩墜肘、含胸拔背、鬆腰斂臀，在動作中要求意念引導、精神集中，動中求靜、氣沉丹田、呼吸自然並與動作相配合。

2.輕靈沉著，剛柔相濟　太極劍要求邁步如貓行，運勁如抽絲。在意念引導下，含而不露、柔中寓剛、輕而不浮、沉而不僵，在輕穩柔和中顯示信心和實力。一些太極劍也有明顯的發力、加速和跳躍動作，遇此也要剛中有柔、腰腿發力、鬆活彈抖、轉接柔順，避免生硬拙力。

3.連貫圓活，綿綿不斷　太極劍運動如浮雲行空，細水微瀾。其動作連綿柔緩，節奏平穩，運轉圓活，寓動於靜。其風

格、節奏強烈，富於陽剛之美的劍術迥然不同。

4.劍法清晰，身劍協調 太極劍與一切劍術相同，要求劍法清楚、力點準確、動作規範，準確地表現出各種劍法的攻防含意。不僅如此，它還要求具備造型優美、瀟灑飄逸、蓄發相間、虛實分明、劍勢多變的特色。演練中做到身與劍合，劍與神合，精神、肢體與劍法融成一個協調的整體，才能體現太極劍的真諦。

（二）學練要領

1.四法熟練，打好基礎 武術中拳術是器械的基礎。武術家常把手法、步法、身法、眼法稱為劍術練習「四要」。只有「四要」熟練貫通，才能與劍法相合，做到手、眼、身、法、步完整統一。

手法是指上肢的運轉，表現劍法的直接環節。一切劍法的變招換勢都要求手法鬆順靈活，路線準確，力點分明，同時表現出沉肩、虛腋、垂肘、活腕等太極拳要領。在劍術練習中，劍指的運用具有十分重要的作用，它可以助勢助力，維持平衡，提高造型的美感和穩定性。這種手法訓練是劍術練習的基礎，不可忽視。步法和身法是練好劍術的關鍵。劍術的起落、進退、走轉、平衡、跳躍都有賴於步法的靈活、樁步的穩固和腿法的柔韌。而劍法的表現，勁力的蓄發和開合，以及要將腰背之力貫於劍鋒，則全賴於身法的運用。尤其是在擰轉、俯仰、屈伸等身法變化中保持中正舒展、斜中寓正，更需要有紮實的身型、身法訓練作基礎。眼法是表達神意的窗口，是觀變、應變的先行，又是意領神聚、寧靜自然、從容大度的體現。只有意到、眼到、手到、劍到，眼法與劍法緊密配合，才能表現出太極劍以意領劍，勢動神隨的神韻。

要打好手、步、身、眼的「四要」基礎，必須從武術基本功和拳術基礎訓練抓起。「練拳不練功，到老一場空」，對於太極劍練習者來說也是一種警訓和忠告。

2.勤思苦練，循序漸進 初學太極劍，一招一勢務要力求準確。手、步、身、眼和劍法都要概念清楚，符合規範，切不可貪多求速，不求甚解，以免形成錯誤定型，造成「學拳容易

改拳難」的局面。因此學習太極劍應先求正確，後求進度，遵守循序漸進的原則。老一輩武術家在太極劍教學中常常堅持先練內勇、次練外功、後練劍法的步驟。內勇指精神、意志、品德等方面的修養，將這些作為擇徒授藝的首要條件。外功指身體素質和武術基本功的訓練，打好體力、體能和武術專項素質的基礎才利於深造。在精神上、物質上做好準備，最後才著重劍術練習。實踐證明，這種嚴謹的教學態度和方法，是培養高水準技藝和人材的必經之路。

3.形意兼備，內外相合　太極劍是以意氣為主導的劍術，但絕不等於其形體和劍法無關緊要，可以隨意發揮，失去規矩。實際上意念的引導，氣力的結合，正是為了保證劍法的準確和神韻，促進姿勢、動作的協調自然和勁力的完整順達。例如，只有定勢時有意地沉氣、呼氣，才能使樁步穩定、氣勢飽滿、勁力充實；在蓄力和平衡、轉折時，主動地吸氣、提氣甚至屏氣才能使動作輕靈和順，蓄力充盈，發力完整。這樣既保證了劍法的準確發揮，又促進了劍術的圓活流暢，耐久自然。矛盾雙方的對立和統一是一切事物運動的規律，機械地、片面地強調形體或意氣，某一方面都是錯誤的。不同的人在不同的階段，某一方面可能是主要矛盾，成為訓練中的關鍵環節，但不等於可以忽視另一方面的存在。還有的人僅僅強調太極劍柔和平穩的一面，而不懂得其中還有靜中寓動、不變中寓變、變和動是絕對的而不變和靜是相對的這個辯證道理，從而把太極劍練得死氣沉沉，毫無生氣，失去了武術虛實相兼、剛柔相濟的特點，也違背了太極拳「陰陽相濟，方為懂勁」的精髓。

4.正確處理繼承和發展的關係　一切優秀民族文化遺產和成果，都是在繼承和發展的辯證基礎上發揚光大的。近代的太極劍積累了幾代人的智慧成果，它的技法和經驗都是不斷繼承、不斷發展的結果。不尊重和繼承前人的經驗是否定民族文化遺產的表現，當然也就談不上學習和發展。但是僅限於繼承，把前人的經驗和師訓當做一成不變的教條，墨守成規、生硬模仿，也會窒息事物的發展，難以創造出太極劍的更高水準和個性特點。

楊式五十六式太極劍

1、起　勢（弓步前指）
2、三環套月（丁步點劍）
3、大魁星式（獨立反刺）
4、蜻蜓點水（提膝點劍）
5、燕子抄水（仆步橫掃）
6、左右攔掃（左右平帶）
7、小魁星式（虛步撩劍）
8、燕子入巢（仆步穿劍）
9、虎抱頭　（虛步捧劍）
10、靈貓捕鼠（跳步下刺）
11、黃蜂入洞（轉身平刺）
12、鳳凰雙展翅（回身平斬）
13、小魁星式（虛步撩劍）
14、太公等魚（虛步反刺）
15、撥草尋蛇（左右下截）
16、哪吒探海（獨立掄劈）
17、懷中抱月（退步回抽）
18、宿鳥投林（獨立上刺）
19、烏龍擺尾（撤步平刺）
20、青龍出水（左弓步刺）
21、風捲荷葉（轉身斜帶）
22、獅子搖頭（縮身斜帶）
23、虎抱頭　（提膝捧劍）
24、野馬跳澗（跳步平刺）
25、懸崖勒馬（仰身雲斬）
26、轉身指南（併步平刺）
27、迎風撣塵（弓步攔劍）
28、順水推舟（進步反刺）
29、流星趕月（反身回劈）
30、天馬行空（歇步壓劍）
31、燕子銜泥（虛步點劍）
32、挑簾式　（獨立架托）
33、左車輪劍（弓步掛劈）
34、右車輪劍（虛步掄劈）
35、大鵬展翅（撤步反擊）
36、水中撈月（弓步撩劍）
37、懷中抱月（提膝捧劍）
38、夜叉探海（獨立下刺）
39、犀牛望月（弓步回抽）
40、射雁式　（虛步回抽）
41、青龍探爪（併步擊劍）
42、鳳凰單展翅（回身平斬）
43、左右跨攔（蓋步截劍）
44、射雁式　（虛步回抽）
45、白猿獻果（併步上刺）
46、左右落花（丁步回抽）
47、玉女穿梭（轉身下刺）
48、斜飛式　（弓步削劍）
49、白虎攪尾（弓步掄劈）
50、魚跳龍門（跳步上刺）
51、烏龍絞柱（轉身撩劍）
52、水中撈月（弓步撩劍）
53、仙人指路（丁步回抽）
54、風掃梅花（旋轉平抹）
55、併步指南（併步平刺）
56、收　勢（接劍還原）

預備勢

　　面向正南（這是假設，便於以後說明方向），兩腳併立，身體正直，兩臂自然垂直於身體兩側，左手持劍，劍身豎直，劍尖向上，與身體平行，右手握成劍指，手心向內，眼平視前方。

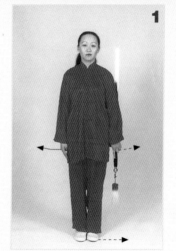

　　【要點】（1）頭頸正直，下頦微內收，精神要集中。（2）上體自然，不要故意挺胸，收腹。（3）兩肩鬆沉，兩肘微屈，劍身平面（劍面）貼在左前臂後側，不要使劍刃觸及身體（圖1）。

第一節
（一）起勢（弓步前指）

　　1. 左腳開立：左腳向左分開半步，兩腳平行，與肩同寬，右劍指內旋，掌心轉向身後（圖2）。

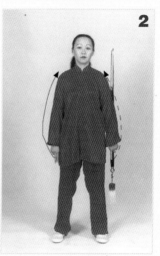

　　2. 兩臂前舉：兩臂慢慢向前平舉，高與肩平，手心向下，眼平視前方（圖3）。

　　【要點】（1）兩臂前舉時，肩要自然鬆沉，肘關節微屈。（2）劍身貼住左前臂下側，劍首指向正前方，劍尖稍向下垂。

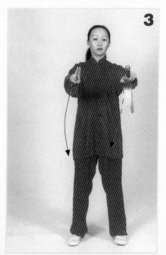

3. 屈膝下蹲：兩腿慢慢屈膝半蹲，重心落於兩腿之間，成馬步。同時兩臂輕輕下按至腹前，上體舒展正直，兩眼平視前方（圖4）。

【要點】（1）本勢中的馬步是太極劍（拳）中的基本步型，應按照步型的要求，從一開始就培養正確的動作定型。（2）屈膝的高度要視練習者的素質，因人而異。太極劍的練習中，除少數勢子外，整套動作都是在半蹲的狀態中進行的，不允許忽高忽低。因此，不應將起勢蹲的過高或過低，以免架子高度起伏不定。（3）上體要保持正直，脊背、臀部、腳跟基本處在同一垂面上。

4. 收腳抱劍：上體稍左轉，左手持劍屈臂抱於左胸前，手高不過肩，劍身平貼於前臂上，肘略低於手，手心向下；右臂屈抱於腹前，右手劍指手心向上，兩手上下相對。右腳提起收至左踝內側，眼看左手（圖5）。

5. 轉體上步：上體右轉，右腳向右前方邁出一步，腳跟著地，重心仍在左腿上。兩手屈臂合於胸前，手心相對，左手持劍附於右腕內側。眼看前方（圖6）。

6. 弓步前擠：重心前移，右腿屈弓，左腿自然蹬直成右弓步，左手持劍推送右前臂向體前擠出，與肩同高，兩臂撐圓，劍身貼於左前臂，右劍指向內。眼看前方（圖7）。

7. 後坐引手：重心後移，上體後坐，左腿屈膝，左腿自然伸直，右腳尖翹起。右劍指翻轉向下，左手持劍經右腕上方向前伸出，手心轉向下；兩手左右分開與肩同寬，兩臂屈收後引，經胸前收到腹前，劍仍貼於左前臂下，劍尖斜向下。眼看前方（圖8）。

8. 弓步前按：重心前移，右腳踏實，右腿屈弓，左腿自然蹬直成右弓步。兩手弧線推按至體前，兩腕與肩同高、同寬；左手持劍置於前臂下，劍首和右手劍指斜向前上，眼看前方（圖9）。

9. 轉體擺劍：重心移於左腿，隨之右腳尖內扣，上體左轉，左手持劍平擺至身體左側，高與肩平；右手劍指弧形平擺至左肩前，雙手手心均向下。眼看左前方（圖10）。

10. 擺臂收腳：上體右轉，重心移於右腿，左腳提起收靠於右踝內側。同時右劍指翻轉下落，經腹前劃弧向右上舉，高與頭平，手心向上；左手持劍經面前屈肘落於右肩前，手心向下，劍平置於胸前。眼看右劍指（圖11）。

11. 弓步前指：身體左轉，左腳向左側前方（正東）邁出，成左弓步。同時左手持劍經體前向下摟至左胯旁，劍身豎直立於左前臂後，劍尖向上；右臂屈肘，劍指經耳旁隨轉體向前指出，指尖自然向上，高與眼平。眼看劍指（圖12）。

【要點】（1）上步成弓步的過程，要求重心穩定，邁出前腳輕輕落地，不可「搶步」，先是腳跟著地，隨即屈膝前弓，身體重心逐漸前移，全腳慢慢踏實，腳尖向前，膝蓋不超過腳尖；後腿自然蹬直，腳跟蹬轉調整成弓步。（2）前腳邁出時應保持適當寬度。兩腳橫向距離（指前腳掌延長線與後腳跟之間的橫向距離）約在10—30公分左右。（3）轉體、上步、弓腿和兩臂動作要協調配合，同時完成。（4）第9、10、11三動要與轉腰協調一致。

（二）三環套月（丁步點劍）

1. 坐盤展臂身體右轉，左臂屈肘，左手持劍上提，經胸前從右手上穿出後內旋反手展於體側，手心向後；右劍指翻轉，手心向上，屈肘下落經腰間擺至身體右側，手心向上，兩臂左右平展。同時右腿提起向前上步橫落，腳尖外撇，兩腿交叉，兩膝關節前後相抵，左腳跟提起，重心稍下降成交叉半坐姿勢。眼看右劍指（圖13、14）。

【要點】（1）左手持劍應向前穿出，不要橫劍向前推出。持劍穿出後，左臂要內旋，使劍面貼於臂後。（2）右腳向前橫落時，動作要輕靈，重心移動要平穩，避免落腳沉重，重心立即前移的「搶步」現象。（3）右手邊撤邊落，經腹前劃弧，不可直著向後抽，並注意與身體右轉協調一致。（4）半坐盤步時，成高歇步，身體右轉兩腿膝關節交疊貼緊，身體重心落於兩腿，不可做成叉步。

2. **弓步接劍**：左手持劍稍外旋，手心斜向下，劍尖斜向後；左腳上步成左弓步，腳尖向前。同時身體左轉，右手劍指經頭側向前落於劍把上，準備接劍。眼平視前方（圖15）

3. 丁步點劍：重心前移，右腳收至左腳旁，腳尖點地成丁步。同時右手接劍，腕關節繞環，使劍在身體左側劃一立圓，向前、向下點啄；左劍指附於右腕部。眼看前方（圖16）。

【要點】（1）丁步和點劍要同時完成。上體正直，臂與肩平，身體保持半蹲。（2）點劍時應先屈肘沉腕，再伸臂提腕，腕關節向下屈壓，以劍刃前端向前下方點啄，方向正東，力達劍尖。

（三）大魁星式（獨立反刺）

1. 撤步抽劍：右腳向右後方撤步，同時身體重心後移，右腿屈坐，左腳尖內扣。右手持劍抽至右腹前，劍斜置體前，劍尖略高；左手劍指附於右手腕部隨劍後撤。眼看劍尖（圖17）。

【要點】（1）右腳後撤時應向右後方（西南）撤步，腳前掌先著地，腳尖外撇約60°。（2）持劍抽撤時，落臂沉腕，劍尖自然地抬起。

2. 收腳挑劍：身體向右後轉，左腳收至右腳內側，腳尖點地。同時右手持劍反手抽撩至右後方，然後右臂外旋，右腕下沉，劍尖上挑，劍身斜立於身體右側；左手劍指收於右臂內側。眼看劍尖（圖18）。

【要點】（1）右腳不可任意扭轉挪動。（2）右腕翻轉下沉上挑要連貫圓活，上體保持正直，右肩右肘不可向上揚起。（3）劍反撩和上挑時，要旋臂屈腕，腕指靈活，活握劍把。主要用拇指和食指握劍，其餘三指鬆握。

3. 提膝反刺：上體左轉，左膝提起成獨立步。同時右手持劍由後漸漸上舉，劍經頭側上方向前反手立劍刺出，右手手心向外，力注劍尖；左手劍指經下頦前隨轉體向前指出，高與鼻平，眼看劍指（圖19）。

【要點】（1）右腿自然直立，左膝盡量上提，左腳尖下垂，腳面展開，小腿和腳掌微向裏扣護襠。上體保持正直，頂頭豎項，下頦內收。（2）左腿要正向前方，左膝與左肘上下相對，不要偏向右側。上一動右腳尖外撇程度合適，有助於提膝獨立的方向和穩定。（3）刺劍，即劍由後向前通過伸臂刺出，力貫劍尖。反刺時，要反手（拇指在下）立劍經頭側向前刺出，劍尖略低。

（四）蜻蜓點水（提膝點劍）

上體右轉，右手持劍由頭上向右前下方點劍；左手由前向上經頭前劃弧擺至右前臂內側。左腳仍提膝成獨立步，眼看劍尖，點劍的方向為西南（圖20）。

【要點】（1）右轉體後上體稍前傾，右膝稍內合。（2）點劍時伸臂提腕，劍指附於右前臂。

（五）燕子抄水（仆步橫掃）

1. 仆步沉劍：左腳向左後方落步；右腿屈膝下蹲成仆步。同時左臂內旋，左劍指經腰側隨臂內旋向後反穿；手持劍向下沉腕並外旋向上。眼看劍尖（圖21、22）。

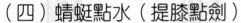

2. 仆步掃劍：上體左轉，左腳尖外撇；右腳尖內扣，左腿屈膝前弓成左弓步。同時右手持劍向左橫掃，手心向上，停於身體左前方；左劍指經左後方擺至頭左上方。眼看劍尖（圖23）。

【要點】（1）掃劍時要在轉腰的帶動下完成整個動作。（2）掃劍是平劍向左或向右掃，力在劍刃。本勢持劍下沉再向左前方平掃，有一個由高到低（與踝同高）再到高的弧線，不要做成攔腰平掃。定勢時，右手停在左肋前，劍在體前伸直，高與胸平。左臂要撐圓，不要過屈或過直。（3）左手劍指採用反插

方式，即屈肘屈腕，前臂內旋，劍指順左肋向後下方伸出，手心轉向後，繼而劍指再向左上方劃弧舉起。

（六）左右攔掃（左右平帶）

1. 向右平帶

（1）收腳收劍：右腳提起收至左腳內側（腳尖不點地）。同時右手持劍稍向內收引，左劍指落於右腕部。眼看劍尖（圖24）。

【要點】右手持劍屈臂後收時，劍尖略高，控制在體前中線附近，不要使劍尖左擺。

（2）上步送劍：右腳向右前方邁出一步，腳跟著地。同時右手的劍向前引伸，左劍指仍附於右腕部，眼看劍尖（圖25）。

【要點】上步的方向斜向東南約 30°－45°。

（3）弓步右帶：重心前移，右腳踏實，成右弓步。右手持劍，手心翻轉向下，向右後方平帶，左劍指仍附於右腕部，眼看劍尖（圖26）。

【要點】（1）帶劍是平劍由前向斜後方柔緩平穩地弧形回帶，力在劍刃。本勢平帶時，劍應邊翻轉邊斜帶；劍把左右擺動的幅度要大，而劍尖應始終控制在體前中線附近。劍的回帶和弓步要一致，同時上體微向右轉，這樣的帶劍才能與腰、腿協調完整。（2）帶劍要由前往後帶，不要做成前推或橫掃。

2. 向左平帶

（1）收腳收劍：右手持劍屈臂後收，同時左腳提起收至右腳內側（腳尖不點地），眼看劍尖（圖27）。

【要點】同「向右平帶」第1動，只是左右方向相反。

（2）上步送劍：左腳向左前方上步，腳跟著地；右手持劍向前伸展，左劍指翻轉收至腰間，眼看劍尖（圖28）。

【要點】同「向右平帶」第2動，只是左右方向相反。

（3）弓步左帶：左腿前弓，重心前移，成左弓步。右手翻掌將劍向左後方弧形平劍回帶，右手帶至左肋前方。力在劍刃；左手劍指繼續向左上方劃弧上舉，手心斜向上。眼看劍尖（圖29）。

【要點】除左手劍指劃弧上舉外，其餘同「向右平帶」第3動，只是左右方向相反。

3.向右平帶同1（圖30、31、32）。
4.向左平帶同2（圖33、34、35）。

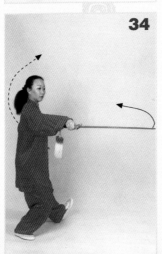

（七）小魁星式（虛步撩劍）

1. **轉身繞劍**：上體後坐，左腳尖外撇，重心前移至左腿，右腳收至左腳內側，腳尖點地。同時右手持劍向上、向後劃弧，劍把停於頭左側，劍尖斜向上；左劍指向左、向下經腰間向右上方穿出。眼看左前方（圖36。附圖36）。

2.**上步繞劍**：右腳向右前方上步，腳跟落地，腳尖外撇。同時上體右轉，右手持劍向下繞轉，左劍指繼續上穿，然後左臂內旋，劍指撐於身體左上方。眼看右前方（圖37）。

38

3、虛步撩劍：重心前移至右腿，左腳向右前方上步，腳前掌著地，成左虛步。上體右轉，右手持劍內旋，直臂由後向前，向上撩出，劍舉於頭側上方，虎口、劍尖皆向前；左劍指向後、向下劃弧屈收經下頦前向前指出，指尖向上。眼看左劍指（圖38）。

【要點】（1）雙手交叉擺動時，要分別劃出一個圓形來，動作幅度要大，上下肢動作要一致。（2）虛步時，體重大部分落於後腿；前腿稍屈，腳前掌點地，兩腿虛實分明。上體保持中正穩定，舒鬆自然。臀部與後腳腳跟上下相對。（3）撩劍是反手立劍由下向前、向上撩起。本勢的左撩劍應先使劍沿身體左側繞立圓，再向前上方撩出。劍的運行一要貼身，二要劃立圓。同時右前臂內旋，手心轉向外，活握劍把，力達於劍刃的前端。（4）定勢時要直腰、頂頭，右臂撐圓，方向為正東偏南30°。

39

第二節
（八）燕子入巢（仆步穿劍）

1、退步插指：左腳後退一步，腳前掌著地。同時上體左轉，右手持劍前擺；左劍指屈腕屈肘，收經腰間向身後反插。眼看前方（圖39）

2、仆步穿劍：上體左轉，右腿屈膝下蹲，左腿伸直成左仆步。同時右臂屈落，右手持劍收經體前，順左腿向左穿出，劍尖向左，右手翻轉向上，停於襠前；左劍指向左、向上、向右劃弧，落於右腕上。眼著左前方（圖40。附圖40）。

40

【要點】（1）仆步與穿劍要同時完成。仆步的方向為正西偏北約30°（2）定時勢要頂頭、立腰、鬆肩、落胯，兩腳全腳掌著地；上體略向前傾。

（九）虎抱頭（虛步捧劍）

1.弓腿分手：重心前移，左腳尖外撇，右腳尖內扣，右腿屈弓，上體左轉。兩手經腰間向左右分開至體側，手心皆向上。眼看前方（圖41）。

2.虛步捧劍：右腳向前上步，腳尖點地成右虛步。同時右手持劍前擺；左劍指也向前擺至右手下，雙手捧劍於腹前，手心均向上，劍尖略高。眼看劍尖（圖42）。

【要點】動作方向仍為正西偏北約30°。

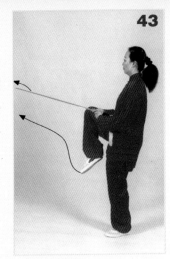

（十）靈貓捕鼠（跳步下刺）

1. 蹬腳前刺：右腿屈膝提起，右腳向前蹬出，腳尖上勾，力在腳跟，高於腰部，劍略向後收引，再向前捧劍平刺，高與肩平。眼看劍尖（圖43、44）。

2. 跳步下刺：

（1）右腳向前落步，隨之重心前移，左腳跟提起。同時雙手捧劍繼續前伸，眼看前方（圖45）。

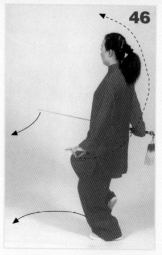

（2）重心繼續前移，隨之左腳向前跳步，落地後左腿屈膝半蹲，右腳隨即提起，收控於左腿內側。同時兩手向兩側分開，手心均向下，劍尖內收，與腹相對。眼看前方（圖46）。

（3）右腳向前落步，左腿自然伸直成右弓步。同時右臂外旋，右手持劍經腰間向前下方刺出，手心向上；左劍指擺架於左上方，手心向上。眼看劍尖（圖47）。

【要點】（1）蹬腳與前刺要同時，方向為正西偏北30°。（2）蹬腳時，支撐腿自然伸直，重心站穩，頂頭立腰。（3）向前跳步不宜高，動作應輕靈、柔和。（4）右弓步與下刺劍要同時，方向仍為西北。

（十一）黃蜂入洞（轉身平刺）

1.坐腿收劍：上體右轉，重心後坐，右腳尖翹起。同時右手持劍收至腰間，手心向上；左劍指落至劍柄上。眼著前方（圖48）。

2.扣腳轉身：右腳尖內扣，以右腳掌為軸，身體向左後轉一周。轉體時左腿屈膝提起，左劍指翻轉收於腰間，右手持劍仍在身體右側。眼看前方（圖49）。

3.弓步平刺：左腳向西北方落步，左腿屈膝前弓成左弓步。同時右手持劍向前平刺，高與肩平；左劍指擺架至左上方。眼著劍尖（圖50）。

【要點】（1）後坐收劍時，上體要先向右轉，然後扣腳蹬地，提膝碾腳，向左後轉身。（2）轉體時，劍尖內收；轉動結束時劍尖仍朝向正西偏北30°。

（十二）鳳凰雙展翅（回身平斬）

1.轉身平斬：上體右轉，左腳內扣，右腳外撇，重心右移，右腿屈膝成右側弓步。同時右手持劍由左向右平斬，劍高與頭齊，手心向上；左劍指下落與右腕相合，再向左下方分開，高與腰平，手心向下。眼著劍尖（圖51）。

2.回身掄劍：上體左轉，右腳提收至左踝內側。右手持劍由右向左弧形掄擺，劍尖斜向左下放；左劍指屈收於右肩前。眼看劍尖。（圖52）。

3.弓步平斬：上體右轉，右腳向右開步，重心右移，右腿屈膝成右側弓步。右手持劍由左下方向右平斬，劍高與頭平；左劍指向左下方分開，高與腰平，手心向下。眼看劍尖（圖53）。

【要點】（1） 本式做了兩個斬劍動作，動作之間要連貫協調，側弓步與斬劍要同時完成。（2） 斬劍是劍水平，用劍刃從左向右或從右向左橫砍，著力點在劍刃，高與頭平。做斬劍時，劍尖不應抖腕甩，形成平崩。

（十三）小魁星式（虛式撩劍）

本式與七、小魁星式動作和方向完全相同（圖54、55、56）。

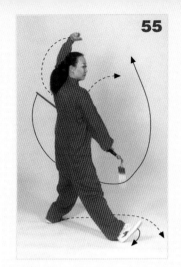

第三節

（十四）太公等魚（虛步反刺）

1.退步穿指：左腳退步，上體左轉。左劍指經腰間向後反穿；右手持劍下掛，劍尖向下。眼看前方（圖57）。

2.虛步反刺：重心移至左腿，上體先左轉，再右轉，右腿回收半步，腳前掌點地成右虛步。同時右手持劍左掛，再回身反手向前下方刺出，虎口斜向下，左劍指劃弧合至右腕處，手心向下。眼看劍尖（圖58、59）。

【要點】（1）虛步與反刺劍要同時。（2）虛步方向為正東。

（十五）撥草尋蛇（左右下截）

1.收腳收劍：右腳提收至左踝內側，右手持劍內旋收至腹前，手心向下；左劍指仍附於右手腕上，眼看劍尖（圖60）。

2.**弓步右截：**右腳向右前上步，右腿屈弓成右弓步。右手持劍向前下截劍，右手伸向右前方高與腹平，劍尖斜向內下方，與小腿同高；劍指仍附於右腕處。眼看劍尖（圖61）。

3.**收腳收劍：**左腳提收至右踝內側，右手持劍外旋收於腹前，手心向上。眼看劍尖（圖62）。

4.**弓步左截：**左腳向左前方上步，左腿屈膝成左弓步。同時，右手持劍外旋向前下方截劍，右手伸向左前，與腹同高，手心向上，劍尖斜向內下方，與小腿同高；左劍指經腰間弧形擺至左上方。眼看劍尖（圖63）。

5. 右截劍和左截劍各再重複一次（圖64、65、66、67）。

【要點】（1）本勢連續上了四步，左右各做兩次弓步。右弓步的方向為東偏南，左弓步的方向為東偏北，弓步方向成「之」字形，向正東行進。（2）截劍是用劍刃中段或前端截擊對方，力在劍刃，用於橫斷攔截，側攻旁擊。做本勢下截劍時，應使劍把劃一個大弧，劍尖沿中軸線劃一小弧，劍身斜向內下方，劍尖始終在中軸線附近翻轉下截。（3）身、劍、手、腳要協調一致。

（十六）哪吒探海（獨立掄劈）

1. **收腳掄劍**：左腳尖外撇，上體左轉，右腳收至左腳內側，腳尖點地。右手持劍由前下向後劃弧掄擺，置於身體左下方；左劍指下落於右肩前，眼看左後方（圖68。附圖68）。

2. 右腳向前上步，腳跟落地，右手持劍內旋舉於頭上方，左劍指翻轉下落，收於腰間。眼看左前方（圖69）。

3. 重心前移，右腳踏實，左腿屈膝上提成右獨立步。同時上體右轉，稍向前傾；右手持劍向前下方立劍下劈，力在劍刃，右臂與劍成一條斜線；左劍指經腰間劃弧擺至左上方。眼看劍尖（圖70）。

【要點】（1） 右手持劍後掄時，手心斜向外，左手劍指斜向下。（2） 劈劍是立劍自上而下用力，力點在劍刃；掄劈劍是將劍先掄一個立圓，然後向前下

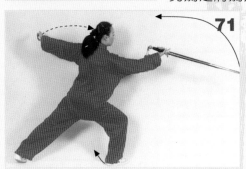

劈。本勢是右手持劍沿身體左側掄繞成一個立圓，順勢向前下方劈出，劍尖略高於踝。（3） 左劍指的動作要與持劍的右手相互配合，左右兩手一上一下，一前一後，對稱地交叉劃立圓，整個動作要連貫，一氣呵成。

（十七）懷中抱月（退步回抽）

1.撤步提劍：左腿向後落下，右手持劍外旋上提，左劍指擺向身後。眼看前方（圖71）。

2. 虛步抽劍：重心後移，右腳隨之撤回半步，前腳掌著地成右虛步。同時，右手持劍由前向上、向後劃弧抽回，劍把收於左肋旁，手心向內，劍尖斜向上，劍面與身體平行；左劍指由左向上劃弧下落於劍把上。眼看劍尖（圖72）。

【要點】（1） 抽劍是立劍由前向後劃弧抽回，力點沿劍刃滑動。做本勢抽劍時，右手手心先翻轉向上將劍略向上提，

隨後由體前向上劃弧收至左肋旁，避免將
劍直著抽回。

（２）定勢時，虛步抱劍，兩臂撐
圓，上體左轉，劍尖斜向右上方。同時
頭向右轉，頂頭沉肩。劍把與身體相距
約10公分。

（十八）宿鳥投林（獨立上刺）

1.轉腰活步：身體微向右轉，面向前
方，右腳稍向前移步，腳跟著地；同時
右手轉至腹前，手心向上，劍尖斜向上
方；左劍指附於右腕部。眼看劍尖（圖
73）。

2.重心前移，左腿屈膝提起，成右獨
立步。同時右手持劍向前上方刺出，手
心向上，劍尖高與頭平，左劍指仍附於
右腕部。眼看劍尖（圖74）。

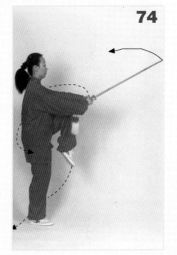

【**要點**】（１）上刺劍時，劍把與胸
同高，劍尖與頭同高，兩臂微曲。（２）
乘上刺之勢，上體可微向前傾，但不可
聳肩駝背。本勢方向為正東。

（十九）烏龍擺尾（撤步平刺）

1.撤步擺劍：左腳向後落步，隨即重
心左移，身體左轉。同時右手持劍隨轉
體左擺至體前，高與肩平；左劍指翻轉
下落於左腰間；眼看前方（圖75）。

2.併步擺劍：右手持劍左擺至體側，同時右臂內旋手心轉向下停於左肋旁，劍尖朝向身後；左劍指舉至左上方。右腳收至左腳內側成併步。眼看前方（圖76）。

3.退步平刺：上體右轉，右腿向後退步，左腿屈膝成左弓步。同時右手持劍擺至右側，右臂外旋，劍收經腰間向前平刺，手心向上，高與肩平；左劍指向右、向下經右腰間劃弧擺架於左上放。眼看劍尖（圖77、78。附圖77、附圖78）。

【要點】（1）本勢動作背向起勢方向，刺劍的方向為正北。（2）做此動作時身體左右擺動的幅度很大，並且左劍指隨身體轉動繞擺了兩圈，右手持劍也翻轉了兩次。（3）動作應柔和連貫、一氣呵成。

78

78附

（二十）青龍出水（左弓步刺）

1.**轉身繞劍**：重心右移，左腳尖內
扣，右腳尖外展，身體右轉。同時右手
持劍內旋向上、向後抽繞至頭側，手心
翻轉向外；左手劍指落於右腕部，隨劍
一起回繞。眼看劍尖（圖79）。

79

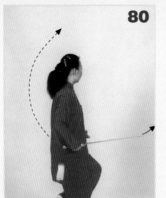

2.收腳收劍：身體左轉，左腳收至右腳內側（腳尖不點地）。右手持劍隨轉體向下捲收於右腰間，手心向上；左劍指也隨之翻轉收至腹前，手心向上。眼看左前方（圖80）。

3.弓步前刺：左腳向左前方上步，隨之重心前移，左腿屈膝前弓成左弓步。同時上體左轉，右手持劍從右腰間向左前方刺出，手心向上，高與肩平；左劍指向左、向上繞至左上方。眼看劍尖（圖81）。

【要點】（1）右手持劍回撤時，應控制劍尖不要外擺。（2）本勢弓步和刺劍的方向為正東偏北約30°。定勢時上體要正直，左臂應撐圓。（3）右手持劍抽繞、下捲、前刺動作都要在轉腰的帶動下完成。動作要圓活、連貫。

第四節
（二十一）風捲荷葉（轉身斜帶）

1.重心後移，左腳尖內扣，上體右轉；同時右手持劍屈臂收至腰間，手心向上；左劍指落在右腕部，眼看劍尖（圖82）。

2.**提腳轉身**：重心移至左腿，右腳提起，貼在小腿內側，身體向後轉。同時劍向左前方伸送，眼看劍尖（圖83）。

【**要點**】提收右腳時，不要做成獨立步。

3.**弓步右帶**：右腳向右前方邁出，屈膝前弓成右弓步。同時上體右轉，右手持劍隨轉體翻腕向右平帶（劍尖略高），手心向下；左劍指仍附於右腕部。眼看劍尖（圖84）。

【**要點**】（1）弓步方向轉為正西偏北約30，轉體近270°。（2）斜帶是指劍勢的側後走向。動作要領同「右平帶劍」。

（二十二）獅子搖頭（縮身斜帶）

1.**收腳收劍**：左腳提起收至右腳內側（腳尖不點地）。同時上體右轉，右手持劍收至肋前，左劍指仍附於右腕部。眼看前方（圖85）。

2.撤步送劍：左腳撤步仍落於原位。右手持劍向前伸送；左劍指屈腕經左肋反插，向身後穿出。眼看劍尖（圖86）。

【要點】上體前探，送劍方向與弓步方向相同。

3.丁步左帶：重心移向左腿，右腳隨之收到左腳內側，腳尖點地成丁步。同時右手翻掌手心向上，將劍向左平帶（劍尖略高），力點沿劍刃滑動；左劍指向上、向前劃弧落於右腕部。眼看劍尖（圖87）。

【要點】收腳帶劍時，身體左轉，上體正直，鬆腰斂臀。劍身斜置體前，劍尖斜向右前方。

4.撤步送劍：右腳向右後方撤步，上體左轉。右手持劍向左前伸送，左劍指仍附於右腕部，並隨右手前伸。眼看劍尖（圖88）。

【要點】上體前探，送劍方向正西偏南約30°。

5.丁步右帶：重心移向右腿，左腳隨之收到右腳內側，腳尖點地成丁步。同時右手翻轉，持劍向右平帶（劍尖略高），力點沿劍刃滑動；左劍指仍附在右腕部。眼看劍尖（圖89）。

6.撤步送劍同動作 2（圖90）。

7.丁步左帶同動作3（圖91）。

【要點】（1） 本勢帶劍共做了三次。（2） 退步時走「之」字形。

（二十三）虎抱頭（提膝捧劍）

1.撤步分手：右腳後退一步，重心後移，左腳微後撤，腳尖著地成左虛步。同時兩手向前伸送，再向兩側分開，高與腰平，手心都轉向下；劍斜置於身體右側，劍尖斜向左前。眼看前方（圖92）。

【要點】（1）兩手向左右分開後，劍尖仍位於體前中線附近，高與腹平。（2）右腳向後退步時要偏向右後方，調整成虛步時，上體轉向前方（正西）。

2.獨立捧劍：左腳略向前活步，右腿屈膝向前提起成獨立步。同時右手持劍翻轉向上，劃弧擺送至體前；左劍指捧托在右手背下，兩臂微屈；劍置於胸前，劍身直向前方，劍尖略高。眼看前方（圖93、94）。

【要點】捧劍時兩手路線要走弧形，即兩手先向外展，再向前、向裏在胸前相合。劍指在下，兩臂微曲，劍把與胸同高。

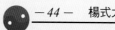

（二十四）野馬跳澗（跳步平刺）

1.落腳收劍：右腳前落，腳跟著地。兩手捧劍向下、向後收至腹前，眼看前方（圖95）

【要點】右腳落地不可太遠，上體不可前俯。

2.送髖送劍：重心移至右腿，蹬腿送髖，左腳跟離地。同時兩手捧劍向前伸送，眼看前方（圖96）

【要點】劍高與胸平，劍尖略高。

3.跳步收劍：右腳蹬地，左腳隨即前跳一步，右腳在左腳將落地時迅速向左小腿內側收攏。同時兩手分開收至身體兩側，手心都向下。眼看前方（圖97）。

【要點】（1）向前跳步不宜高，動作應輕靈柔和。（2）左腳落地時腳尖微外撇；膝關節彎曲緩衝，重心穩定在左腿上。

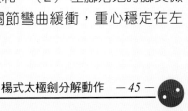

4.弓步平刺：右腳向前上步，重心前移成右弓步。同時右手持劍向前平刺（手心向上）；左劍指繞舉至左上方。眼看劍尖（圖98）。

【要點】弓步為順弓步。左腳與刺劍方向皆為正西，兩腳橫向寬度約10公分。

（二十五）懸崖勒馬（仰身雲斬）

1.坐腿收劍：重心後移，左腿屈腿後坐。右手持劍左擺，再翻轉收至右胸前，將劍橫置體前；左劍指落至左胸前。眼看前方（圖99）。

2.仰身雲劍：上體後仰，右腳尖上翹，右臂內旋，右手持劍以腕關節屈繞，使劍在頭上由左向後、向右平圓劃弧雲撥；兩手同時向兩側分開。眼向上仰視（圖100）。

3.弓步平斬：重心前移成右弓步。右手持劍由右向前平斬，劍尖高與頭平；左手前擺合於體前，劍指墊於右手背下，手心均向上。眼看前方（圖101）。

【要點】（1）雲劍是劍在頭上、頭頂或體側繞一圓圈，撥開對方進攻。（2）雲劍時，上體要後仰，右手握劍要鬆活，腕關節屈繞要靈活，右臂不可高舉過頭。（3）本勢出現了兩個劍法，先雲劍後斬劍，斬劍與弓步要同時完成，方向正西。

第五節
（二十六）轉身指南（併步平刺）

1.轉身擺劍：上體左轉，右腳內扣，右腿屈蹲成左仆步。同時左劍指沿左肋部向後反穿；右手持劍下沉（圖102）。隨之上體左後轉，左腳尖外撇，重心前移。右腿屈弓，重心前移。劍由右向左擺至正東，劍尖略高；左劍指前擺至右手背下，雙手合抱於胸前。眼看前方（圖103、104）。

105

2.併步平刺：右腳向前併步，左腳再上步，右腳再收至左腳內側併步直立。同時雙手捧劍向後沉收，再抬至胸前向前平刺，手心均向上。眼看前方（圖105、106）。

【要點】（1）本勢轉身時步法為弓步—仆步—弓步；刺劍時步法為併步—上步—併步，上下肢動作要圓活協調，腳步移動要輕靈。（2）刺劍方向為正東；劍法不能做成捧劍。

106

（二十七）迎風撣塵(弓步攔劍)

1.左弓步攔

（1）轉身繞劍：右腳尖外撇，左腳跟外展，身體右轉，兩腿屈蹲。右手持劍手心轉朝外，隨轉體由前向上、向右繞轉，左劍指附於右前臂內側，隨右手繞轉。眼看右後方（圖107）。

【要點】轉體時，待重心落於右腿，左腳跟再提起。

107

（2）弓步攔劍：左腳向左前方上步，身體左轉，重心前移，成左弓步。同時右手持劍由右後方向下、向左前上方攔架，力在劍刃，劍把與頭同高，劍尖與胸同高，右臂外旋，手心斜向內；同時左劍指向下、向左經腹前繞舉於左上方。眼看劍尖（圖108）。

【要點】(1)繞劍時轉體要充分，以劍把領先，轉腰揮臂，劍貼身體走成立圓。（2)攔劍是反手由下向前上方攔架，力在劍刃。劍攔出後，右手位於左額前方，劍尖位於中線附近，劍身斜向內下方。(3)弓步方向為正東偏北約30°。

2.右弓步攔

（1）轉身繞劍：左腳尖外撇，身體左轉，右腳收至左腳內側（腳尖不點地）。同時右手持劍在身體左側向上、向後、向下劃立圓繞至左肋前，劍身貼近身體；左劍指落於右腕部，眼隨劍向左後看（圖109）。

（2）弓步攔劍：身體右轉，右腳向右前方邁出一步，重心前移成右弓步。同時右手持劍經下劃弧向前上方攔出，手心向外，劍把高與頭平，劍尖高與胸平，劍身斜向內；左劍指附於右腕部。眼看前方（圖110）。

【要點】（1）與左弓步攔相同，只是左右相反。弓步方向為正東偏南約30°。（2）右劍立圓繞轉要貼近身體左側。

3.左弓步攔

（1）轉身繞劍：右腳尖外撇，身體右轉；左腿收至右腳內側（腳尖不點地）。同時右手持劍在身體右側向上、向後、向下劃立圓繞至右胯旁，劍身斜立在身體右側；左劍指繞至腹前。眼隨劍走，轉看右後方（圖111）。

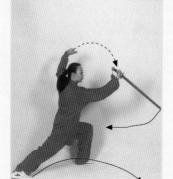

（2）弓步攔劍：身體左轉，左腳向左前方邁出一步，重心前移成左弓步。同時右手持劍揮臂劃弧向前上方攔出，手心斜向內，劍把與頭同高，劍尖高與胸平，劍身斜向內；左劍指經腰間向左、向上劃弧，停於左上方，手心斜向上。眼看前方（圖112）。

【要點】參看1、左弓步攔。

（二十八）順水推舟（進步反刺）

1.上步收劍：右腳向前上步，腳尖外撇，上體微右轉。同時右手向下屈腕收劍，劍把落在胸前，劍尖轉向下方，左劍指落於右腕部。眼看劍尖（圖113）。

【要點】（1）上步後，身體重心仍然靠近左腿。（2）右手持劍向胸前收落時，屈腕落肘，手心斜向外，拳眼斜向下，右上臂靠近右肋，活握劍把，劍尖向後下方，劍身斜置於身體右側。

2.轉身後刺：身體繼續右後轉，兩腿交叉屈膝半蹲，左腳跟離地，成半盤坐姿勢。右手持劍向後（正西）立劍平刺，手心向前（南）；左劍指向東指出，手心向下，兩臂伸平。眼看劍尖（圖114）。

【要點】（1）半盤坐時，要轉體屈膝，右腳橫落，全腳著地，左膝抵近右膝𦜌窩；上體保持正直。（2）向後刺劍時，劍貼近身體經右腰間向後直刺，劍與右臂成一直線。

3.弓步反刺：劍尖上挑，上體左轉，左腳前進一步成左弓步。同時右手屈收，經頭側向前反手立劍刺出，手心向外，與頭同高，劍尖略低；左劍指收於右腕部。眼看劍尖（圖115、116）。

【要點】（1）反刺劍時，右臂先屈後伸，使劍由後向前刺出，力達劍尖。右手位於頭前偏右，劍尖位於中線，與面部同高。（2）弓步朝正東，上體正直；不可做成側弓步。

（二十九）流星趕月（返身回劈）

1.**轉身收劍**：右腿屈膝，身體重心移至右腿，左腳尖內扣，上體右轉。劍同時收至面前，劍指仍附於右腕部。眼看劍尖（圖117）。

【要點】隨身體右轉，左腳尖要盡量內扣，為下一動做好準備。

2.**手腳舉劍**：上體繼續右轉，重心再移至左腿，右腳提起收至左小腿內側。同時右手持劍上舉，左劍指落至腰間。眼看左前方（圖118）。

【要點】（1） 重心穩定在左腿後，再提右腳。（2）右腳提收至左小腿內側，不能做成獨立步。

3.右腳向右前方邁出，重心前移成右弓步。同時右手持劍隨轉體向右前方劈下；左劍指繞至左上方，手心斜向上。眼看劍尖（圖119）。

【要點】（1） 弓步和劈劍方向是正西偏北約30°。（2） 劍要劈平，劍身與臂成一條直線，力達劍刃中段。（3） 劈劍和弓步要協調一致，同時完成。

（三十）天馬行空（歇步壓劍）

1.**轉身擺劍**：上體左轉，重心左移，右腳尖內扣。同時右手持劍外旋向左平擺；左臂外旋，劍指收至腰間。眼看劍把（圖120）。

2.右腳向南上步，腳尖外撇，兩腿屈膝下蹲成歇步。同時上體右轉，右手劍翻轉下壓至右膝外側，劍尖朝南，手心向下；左劍指收至右腕上方。眼看劍面（圖121）。

【**要點**】（1）上體左轉和擺劍同時完成；歇步與下壓劍同時完成。手、腳配合要協調。（2）壓劍是劍身扁平由上向下按壓，著力點在劍面。此勢轉向起勢方向（正南）。

（三十一）燕子銜泥（虛步點劍）

1.**上步舉劍**：左腳向前上步，腳尖略外撇。同時兩手向兩側分開，手心向上，劍尖擺至身後。眼看右後方（圖122）。

2.右腳向前上步，腳尖點地成右虛步。同時右手持劍上舉經頭上向前下方點啄，劍尖斜向下；左劍指收至右腕部。眼看劍尖（圖123）。

【要點】上左腳時兩臂盡量外展，右腳落地的同時點劍。點劍時伸臂、提腕，本勢方向為正南。

第六節

（三十二）挑簾式（獨立架托）

1.退步拉劍：右腳向後步，重心隨之後移至右腿。同時右手持劍後拉，上體右轉（轉向正西）；左劍指仍附於右腕部。眼看劍尖（圖124）。

2.右腿直立支撐，左腿屈膝提起，腳面繃平成右獨立步。同時右手持劍隨身體右轉由下向上托架，劍身要平；左劍指附於右前臂內側。眼看前方（圖125）。

【要點】（1） 托劍時，頂頭、立腰，左膝與劍尖皆朝前。（2） 托劍是用劍下刃由下向上托架。

（三十三）左車輪劍（弓步掛劈）

1.左腳向前落步，腳尖外撇，兩腿屈膝半蹲，上體右轉。右手持劍由上向下、向後掛；左劍指附在右腕部。眼看劍尖（圖126）。

2.右腳向前上步，右腿屈膝前弓成右弓步。同時右臂內旋，右手持劍上舉向前平劈；左臂外旋，劍指經左腰間向上擺至左上方。眼看前方（圖127）。

【要點】（1） 掛劍時要轉腰、揮臂、翹腕。（2）掛劍是將劍尖經身體右側或左側由前向後勾回，目的是勾掛開對方的進攻。（3）弓步和劈劍要同時完成。方向為正西。劈劍與肩同高。

（三十四）右車輪劍
（虛步掄劈）

1.**轉身掄劍**：身體右轉，右腳尖外撇，右腿屈弓，左腳跟離地成叉步。同時右手持劍經身體右側向下、向後反手掄擺；左劍指落於右肩前，手心向下。眼看劍尖（圖128）。

【要點】（1） 轉體時，重心先後坐，右腳尖外撇，重心再前移成交叉步。（2）向後掄劍時，右臂內旋，活握劍把，劍貼近身體向後劃弧，劍尖不要觸地。劍在身後反手掄直，劍尖向後。

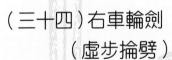

2.上步舉劍：身體左轉，左腳向前一步，腳尖外撇。同時右手持劍外旋掄舉至頭側上方；左劍指落經腹前劃弧側舉。眼看前方（圖129）。

【要點】掄劍上舉時，右臂不要伸直，劍把稍高於頭，劍尖略低，指向身後（正東）。

3.虛步劈劍：右腳上步，腳尖著地成右虛步。同時右手持劍向前下掄劈，劍尖斜向下與膝同高，劍與右臂成一條斜線；左劍指向上劃圓再落於右前臂內側。眼看前下方（圖130）。

【要點】（1）掄劈劍時，右手持劍沿身體右側掄繞成立圓，再順勢向前劈下，力點為劍刃中部。（2）整個動作連貫，不可中途停頓。

（三十五）大鵬展翅（撤步反擊）

1.撤步合劍：上體微右轉，右腳向右後方撤步，腳尖外撇。同時右臂外旋，手心轉向上；左劍指轉向下，兩手腕關節交叉合於胸前。眼看劍尖（圖131）。

2.身體重心移向右腿，上體右轉，左腿自然蹬直成右側弓步。同時，右手向右上方反擊，力達劍刃前端，劍尖斜向上，高與頭平；左劍指向左下方分開，高與腰平，手心向下。眼看劍尖（圖132）。

【要點】（1） 撤步和擊劍的方向為東北。撤步時，右腳掌先著地，隨重心右移，右腿屈弓，右腳踏實，左腳跟外展，左腿蹬直成側弓步。（2）擊劍是用劍刃前端向左（右）敲擊，向左為正擊，向右為反擊又叫平崩。做本勢時，要在向右轉體的帶動下，將劍向右上方擊打。肘、腕先屈後伸，使力達劍的前端；左劍指向左下方對稱展開。

（三十六）水中撈月（弓步撩劍）

1.收腳繞劍：身體稍右轉，左腳收至右小腿內側；同時右手持劍內旋將劍繞擺至身體右側，劍身豎立，手心向外；左劍指劃弧上擺於右肩前。眼看劍尖（圖133）。

2.落腳繞劍：身體左轉，左腳向前落步，腳尖外撇。同時右手持劍下繞，劍把落至胯旁，手心向外，劍尖斜朝後；左劍指落至左腹前，手心向上。眼看左劍（圖134）。

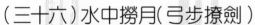

3.弓步撩劍：身體繼續左轉，右腳前進一步，重心前移成右弓步。同時右手持劍由下向前劃一立圓，反手立劍向前撩出，手心向外，高與肩平；左劍指向上繞至左上方。眼看前方（圖135）。

【要點】（1） 握劍要鬆活；繞劍劍尖不可觸地；撩劍要轉腰順肩，劍尖稍低。（2） 本式的弓步為順弓步，兩腳橫向距離約10公分。弓步和前撩要同時完成，方向為正西。

（三十七）懷中抱月
（提膝捧劍）

左腿屈膝後坐，重心移至左腿，右腿屈膝提起，腳面繃平成左獨立步。同時右手持劍由前向後拉；左劍指劃弧下落至右手背下，雙手將劍捧於左肋間，劍尖斜向下，手心均向上。眼看劍尖（圖136、137）。

【要點】提膝與捧劍要同時完成；右膝的方向應向正西。

（三十八）夜叉探海（獨立下刺）

右腳前落，重心隨之前移，左腿屈膝提起，腳面繃平成右獨立步。同時右手持劍從左肋處向前下方刺出，手心向上；左劍指經腰間擺至左上方。眼看劍尖（圖138）。

【要點】配合劍的下刺，上體稍前傾，左臂撐圓；刺劍方向為正西。

第七節
（三十九）犀牛望月
　　　　（弓步回抽）

左腳向側後方落步，重心後移，左腿屈膝，右腿自然蹬直成左側弓步。同時右手持劍由前下方向後平抽到身前，劍身水平與肩同高，手心向內；左劍指落於劍把上。眼看劍尖（圖139、140）。

【要點】本勢的抽劍為由前向後的平抽劍。側弓步方向為正東偏南30°。

141

（四十）射雁式（虛步回抽）

1.**轉身點劍**：左腳尖外撇，身體左轉，成左弓步。同時右手持劍隨轉身向前下方點啄；左劍指隨之附於右腕處。眼看劍尖（圖141）。

142

2.**坐腿抽劍**：身體重心移向右腿，右腿彎曲；同時右手持劍抽至右胯側，左劍指附於右腕隨右手後收，眼看右下方（圖142）。

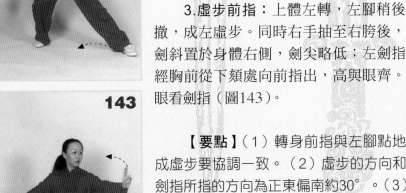

3.**虛步前指**：上體左轉，左腳稍後撤，成左虛步。同時右手抽至右胯後，劍斜置於身體右側，劍尖略低；左劍指經胸前從下頦處向前指出，高與眼齊。眼看劍指（圖143）。

143

【要點】（1）轉身前指與左腳點地成虛步要協調一致。（2）虛步的方向和劍指所指的方向為正東偏南約30°。（3）做本勢的下抽劍時，要立劍向下、向後走弧線抽回。定勢時劍身置於右側，劍把抽至胯後，右臂微屈。

144

（四十一）青龍探爪（併步擊劍）

1.**移腳展臂：**左腳向前半步。兩臂同時向左右分開，展於體側，手心向上。眼看前方（圖144）。

【**要點**】左腳墊步時仍向東南方。

2.右腳向左腳併步，兩腿直立。同時右手持劍由右向左平擊，劍高與肩平；左劍指捧托在右手背下，手心均向上。眼看前方（圖145）。

【**要點**】（1）右腳併步與擊劍要同時完成。（2）本勢的擊劍為由右向左的正擊劍，力達劍刃前端，定勢時方向為正東偏南約30°。

145

（四十二）鳳凰單展翅
（回身平斬）

1.**撤步合手：**雙腿彎曲，重心移至左腿，右腳向後撤一步，腳尖外撇。同時身體稍左轉，右手持劍下擺至左腹前，手心向上；左劍指上擺至右肩前，手心向下，兩手交叉合抱。眼看劍尖（圖146）。

146

楊式太極劍分解動作

2.轉身平斬：重心移至右腿，身體右轉，左腿自然蹬直成右側弓步。同時右手持劍向右上方平斬，劍與頭同高，手心向上；左劍指向左側分開，高於腰平，手心向下。眼看劍尖（圖147）。

【要點】參見十二、鳳凰雙展翅。本勢側弓步的方向是正西偏北約30°。

（四十三）左右跨攔（蓋步截劍）

1.蓋步左截：重心移至左腿，右腿屈膝抬起經左腿前向左蓋步跳落，隨之左腳屈膝提起向左側跨出一步成左側弓步。右手持劍經體前由上向左下截，虎口朝前，劍把置於左膝上方，力在劍刃，劍尖略高；左劍指落於右腕上。眼看劍尖（圖148、149、150）。

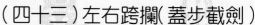

2.蓋步右截：重心移至右腿，左腿屈膝抬起經右腿前向右蓋步跳落，隨之右腿屈膝提起向右側跨出一步成右側弓步。右手持劍經體前右擺，向右翻手下截，虎口向前，劍把置於右膝上方，力在劍刃，劍尖略高；左劍指向左側分開，經胸前右擺落於右腕處。眼看劍尖（圖151、152、153）。

【要點】（1）本勢的步法為蓋步。蓋步是一腳經過支撐腳前面向另一側橫落。蓋步時一定要屈腿提落，不可做成直腿的醉拳步。（2）本勢在蓋步的同時還有一個跳的動作，即一腳在蓋步落地之前，支撐腳迅速屈膝後收，兩腳有同時騰空的動作，叫蓋跳步，要做得輕靈，柔和。（3）本勢的劍法是由上向下截劍，立劍下按，力點在下刃，劍尖指向正西；左跨步的方向為正南，右跨步的方向為正北。

（四十四）射雁式（虛步回抽）

1.**轉身點劍**：重心左移，身體左轉，面向西南，右腳收至左腳內側，腳尖點地成丁步。同時右手持劍從身後翻舉再向前下方點啄；左劍指向左、向上劃弧擺落於右腕處。眼看劍尖（圖154、155）。

2.**撤步抽劍**：左腿向後撤步，重心後坐，上體右轉。同時右手持劍抽至右胯側；左劍指隨右手後收。眼看右下方（圖156）。

3.虛步前指：上體稍向左轉，左腳撤半步，腳尖點地成左虛步。同時右手抽至右胯後，劍置於身體右側，劍尖略低；左劍指經胸前由下頦處向前指出，高與眼齊。眼看劍指（圖157）。

【要點】參見四十、虛步回抽。本勢方向為西南。

（四十五）白猿獻果（併步上刺）

1.移腳擺手：左腳向前移半步，腳跟著地。同時左劍指向左劃弧，眼看前方（圖158）。

2. 併步上刺：右腳向左腳併步，兩腿直立。右手持劍外旋，經腰間向前上方刺出；左劍指收經腰間向前捧托在右手背下，兩手心皆向上。眼看前方（圖159）。

【要點】（1）刺劍和併步要協調一致；劍刺出後，劍尖與頭同高，劍把與胸同高，兩臂要微屈，肩要鬆沉。（2）本勢的方向為西南。

（四十六）左右落花（丁步回抽）

1.**撤步提劍**：右腳向後（東北方）撤步。右手持劍內旋屈腕向上提劍；左劍指附於右腕內側。眼看前方（圖160）。

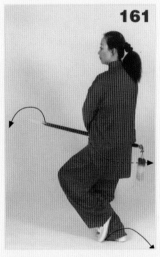

2.**丁步抽劍**：右腿屈膝後坐，重心移向右腿，身體右轉，左腳收至右腳內側，腳尖點地成左丁步。同時右手持劍由前向後抽至右胯旁，劍尖略高；左劍指仍附於右腕部。眼看劍尖（圖161）。

3.**撤步提劍**：上體右轉，左腳向左後方撤步。同時右手持劍向前伸送上提，劍尖略低；左劍指經左肋向後反穿。眼看劍尖（圖162）。

【要點】劍伸向西北，提腕、提劍；撤步方向東南。

4.丁步抽劍：左腿屈膝後坐，重心移向左腿，身體左轉，右腳收至左腳內側，腳尖點地成右丁步。同時，右手持劍由前向後抽至左腰前，劍尖略高，手心斜向外；左劍指弧形擺於右腕部。眼看劍尖（圖163）

5.撤步提劍：同動作 1（圖164）。

6.丁步抽劍：同動作2（圖165）。

【要點】（1）丁步與抽劍要同時完成。（2）本勢是連續做了三次丁步抽劍，退步路線成「之」字形。

166

（四十七）玉女穿梭（轉身下刺）

　　左腳提起，右腳碾轉，身體向左後轉身，左腳向前（東南）落步成左弓步。同時右手持劍由腰間向前下方刺出，手心向上，劍尖指向斜下方；左劍指向左後擺經左腰間前伸，附於右腕部。眼看劍尖（圖166、167）。

　　【要點】（1）轉動時立腰頂頭，劍尖稍內收；弓步與刺劍一致，均為東南方。（2）本式向左後轉身約90°。

167

第八節
（四十八）斜飛式（弓步削劍）

　　兩手稍分開，右手持劍稍向下沉腕，左劍指劃弧擺至右小臂內側；重心移至右腿，左腳尖內扣，身體右轉，右腳尖外撇，右腿曲膝前弓成右弓步；同時兩手劃小弧於腹前交叉合抱；右手持劍隨身體轉動由左下方向右上方揮臂削劍，劍尖略高於頭，劍與臂成一條斜線，手心斜向上；左劍指向左下分開，高與腰平，手心向下。眼看劍尖（圖168、169）。

168

【要點】（1）削劍是平劍由斜下向斜上轉腰揮臂展開，力達劍刃，劍與臂成一條斜線。（2）弓步與削劍要同時完成；弓步與劍的方向一致，皆向西北。（3）兩手交叉合抱時，兩手分開劃弧，右手停在左腹前，手心斜向上，劍尖斜向左下；左劍指合於右前臂內側，手心斜向下。

（四十九）白虎攬尾（弓步掄劈）

1. **收腳收劍**：重心移至右腿，身體左轉，右腳收至左腳內側，腳尖不著地。右手持劍由上向下、向左劃弧掄擺，劍斜置於身體左下方，左劍指上擺至右肩前，眼看劍尖（圖170）。

2. **弓步劈劍**：身體右轉，右腳向前上步，腳跟落地，重心前移，右腿曲膝前弓成右弓步。同時右手持劍由下向上、向前立劍劈出，劍身要平，與肩同高；左劍指經腰間劃弧擺至左上方。眼看前方（圖171）。

【要點】（1）掄劍與舉劍應連貫劃一立圓，並與轉腰、旋臂相配合。（2）弓步和劈劍的方向皆為正西。

（五十）魚跳龍門（跳步上刺）

1.蹬腳刺劍：左腿屈膝後坐，重心後移至左腿，右腿屈膝提起，右腳向前蹬出，腳尖上勾，力在腳跟，高於腰部。同時右手持劍翻手後引；左劍指向下捧托於右手背下；雙手向前捧劍平刺，高與肩平。眼看劍尖（圖172、173）。

【要點】（1）蹬腳，前刺要同時，方向為正西。（2）蹬腳時，支撐腿自然伸直，重心站穩，頂頭立腰。

2.落腳送劍：右腳向前落步，隨之重心前移，挺膝送髖，左腳離地。同時雙手捧劍繼續前送，眼看前方（圖174）。

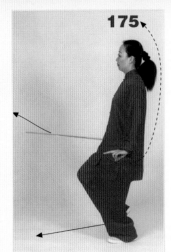

3.跳步收劍：重心繼續前移，左腳向前跳步，落地後屈膝半蹲，右腳收控於左小腿內側。同時兩手向兩側分開，手心均向下，劍尖內收。眼看前方（圖175）。

4.弓步上刺：右腳向前上步，左腿自然伸直成右弓步。同時右臂外旋，右手持劍經腰間向前上方刺出，手心斜向上，劍尖與頭同高，劍把與胸同高；左劍指擺至左上方。眼看劍尖（圖176）。

【要點】（1）右弓步和上刺劍要同時，方向均為正西。（2）跳步時兩腳要騰空，不宜過高，動作要輕柔。

（五十一）烏龍絞柱（轉身撩劍）

1.轉身繞劍：重心後移，上體左轉，右腳收至左腳前，腳尖點地；同時，右手持劍隨轉體向上、向後劃弧繞轉，劍把落至左腰間，劍尖斜向上；左劍指落於右腕部。眼看左側（圖177）。

【要點】劍向後繞時，轉體要充分，眼神隨著向左轉視，繞劍應靠近身體，同時前臂外旋，手心向裏。

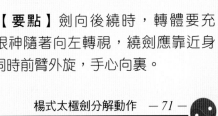

2.歇步撩劍：上體右轉，右腳向前上步，腳尖外撇，左腳稍移，腳跟提起，左膝貼於右膝窩處，兩腿交叉盤坐，成高虛步。同時右手持劍向前、向上撩出，手心向外，停於右額前，劍尖略低，左劍指附於右小臂內側。眼看前方（圖178）。

【要點】（1）本逝步型是高歇步，即兩腿交叉屈坐，膝關節交疊，上體右轉，右腳外展，左腳腳前掌著地，腳跟提起。重心稍偏於前腿，臀部接近後腳跟。（2）撩劍的要領參見十三、小魁星式。

（五十二）水中撈月（弓步撩劍）

1.轉體繞劍：身體微右轉，左腳向前上步，腳尖外撇。同時右手持劍向下繞轉，劍把落至右胯旁，手心向外，劍尖斜向後上方；左劍指落至左腹前，手心向上。眼隨劍走（圖179）。

2.弓步撩劍：身體左轉，右腳前上一步，重心前移成右弓步。同時右手持劍劍由下向前反手立劍撩出，手心向外，高與肩平，劍尖略低；左劍指向上繞至左上方。眼看前方（圖180）。

【要點】參見三十六、水中撈月。

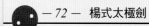

（五十三）仙人指路（丁步回抽）

　　身體重心後移，右腳撤至左腳內側，腳尖點地成右丁步。同時右手持劍向上、向後劃弧回抽，手心向內，置於左腹前，劍身斜立，劍面與身體平行，劍尖斜向上；左劍指落於劍把之上。眼看劍尖（圖181）。

　　【要點】抽劍時，右手先外旋，將劍把略上提，隨即向後，向下收至腹前，劍走弧線抽回。

（五十四）風掃梅花（旋轉平抹）

　　1. 擺步橫劍：右腳向前擺步，腳尖外撇，上體右轉。同時右手翻掌向下，劍橫置胸前；左劍指附於右腕部，眼看劍尖（圖182）。

　　【要點】（1）上體轉向正西方。（2）劍身橫置時，右手位於胸前，劍尖略高，兩臂半屈成弧形。（3）轉體，擺腳和橫劍應同時到位。

　　2. 扣步抹劍：上體繼續右轉，左腳向右腳前扣步，兩腳尖相對成八字形。同時右手持劍隨轉體由左向右平抹；左劍指仍附於右腕部。眼看劍身（圖183）。

　　【要點】（1）身體轉至背向起勢方向。（2）抹劍是以手領劍，使劍身橫平由一側向另一側平抹，力點沿劍刃滑動。做本動時，劍身橫置於胸前，用身體右轉帶劍向右平抹。

184

3.**轉身平抹**：以左腳掌為軸向右後轉身，右腳隨轉體後撤一步，重心後移，左腳腳尖點地成左虛步。右手持劍在轉體撤步時繼續平抹；左劍指仍附於右腕部。在變虛步時，兩手左右分開，置於胯旁，手心向下，劍身斜置於身體右側，劍尖位於體前，身體轉向起勢方向。眼看前方（圖184、185）。

【要點】（1）本勢身體向右旋轉近一周，轉身及抹劍要平穩連貫，上體保持正直。（2）擺步和扣步的腳均應落在中線附近，步幅不超過肩寬。（3）撤步要借身體向右旋轉之勢，以左腳掌為軸，身體轉向南方（起勢方向）。（4）本勢擺步時右腳跟先著地，扣步時左腳掌先著地，撤步也是右腳掌先著地。

185

186

（五十五）併步指南（併步平刺）

左腳向前上半步，隨之右腳收至左腳旁成併立步。同時右臂內旋，右手持劍收於腰間後向前平刺；左劍指收經腰間再伸至右手背下，劍身高與肩平。眼看前方（圖186、187）。

【要點】刺劍時兩臂自然前伸；併步時兩腿自然伸直。

（五十六）收勢（接劍還原）

1. **轉身接劍**：左腳向前上步，腳尖外撇，兩腿屈膝半蹲，同時上體左轉，右手持劍收至左肩前；左手虎口朝上，掌心朝前，從右手外側伸出接劍，眼看劍把（圖188）。

2. **上步擺臂**：右腳向右前方上一步，腳尖朝前。同時左手接劍向前上方伸擺，手心向前，右手變劍指向下、向後擺動；眼看右前方（圖189）。

3.開步垂臂：左腳向前上半步，腳尖朝前，與右腳平行，距離約同肩寬，兩腿徐徐起立，成開立步。同時左手持劍下落至左髖旁；右劍指由後向上、向前下落至右髖旁，手心均向後。眼看前方（圖190、191）。

4.併步還原：左腳收至右腳旁成併步，還原成預備姿勢（圖192）。

【要點】（1）接劍時要注意保持劍身平穩，劍尖朝前，不要左右亂擺。（2）還原後，將劍貼於左臂後，劍尖向上，身體保持自然放鬆，眼看前方。

推理文學經典巨著，中文版正式授權

名偵探明智小五郎與怪盜的挑戰與鬥智
名偵探柯南、金田一都讚嘆不已

日本推理小說鼻祖—江戶川亂步

1894年10月21日出生於日本三重縣名張〈現在的名張市〉。本名平井太郎。
就讀於早稻田大學時就曾經閱讀許多英、美的推理小說。
畢業之後曾經任職於貿易公司，也曾經擔任舊書商、新聞記者等各種工作。
1923年4月，在『新青年』中發表「二錢銅幣」。
筆名江戶川亂步是根據推理小說的始祖艾德嘉‧亞藍波而取的。
後來致力於創作許多推理小說。
1936年配合「少年俱樂部」的要求所寫的『怪盜二十面相』極受人歡迎，
陸續發表『少年偵探團』、『妖怪博士』共26集……等
適合少年、少女閱讀的作品。

1～3集　定價300元　試閱特價189元

一億人閱讀的暢銷書！

4 ～ 26 集　定價300元　特價230元

.大金塊	5.青銅魔人	6.地底魔術王	7.透明怪人	8.怪人四十面相	9.宇宙怪人
怖的鐵塔王國	11.灰色巨人	12.海底魔術師	13.黃金豹	14.魔法博士	15.馬戲怪人
魔人銅鑼	17.魔法人偶	18.奇面城的秘密	19.夜光人	20.塔上的魔術師	21.鐵人Q
段面恐怖王	23.電人M	24.二十面相的詛咒	25.飛天二十面相	26.黃金怪獸	

品冠文化出版社

地址：臺北市北投區
　　　致遠一路二段十二巷一號
電話：〈02〉28233123
郵政劃撥：19346241